A MONSIEUR

DE LAMARTINE

SUR SON PASSAGE

DANS L'OPPOSITION.

Monsieur,

Après avoir siégé, pendant neuf ans, dans un des côtés de la Chambre des députés, vous passez brusquement dans l'autre. Je me propose d'examiner, d'abord, ce passage en lui-même, et, en second lieu, les motifs qui vous ont déterminé à l'effectuer.

Considéré en lui-même, ce passage suppose nécessairement l'existence d'au moins deux partis ayant chacun un système dans lequel sont résumées, mariées et fondues les prétentions de tous ses membres.

Eh bien ! la vérité est que les partis existent, mais que le système n'existe pas. Ce qui en tient lieu, ce sont deux devises qui ne méritent pas même le nom de maximes et encore moins celui de systèmes.

Ces devises, dont l'une est née en opposition de l'autre, consistent en ceci : « Innovons sans nous embarrasser de craintes chimériques » ont dit des hommes qui ne sont certainement pas

1

les moins généreux de l'assemblée, mais qui, plus aventureux que timides, sont pressés d'obtenir les améliorations qu'ils désirent sans s'être parfaitement rendu compte des résultats qu'elles produiraient : « Point d'innovations afin de ne pas réduire en un monceau de ruines l'édifice social » ont répondu les autres qui ne sont pas moins généreux que les premiers, mais qui, plus timides qu'aventureux, ont cru devoir s'effrayer d'une prétention indéfinie.

Ceux-ci s'appellent les *conservateurs*, ceux-là les *opposants*.

Au premier aspect, la sagesse semble recommander l'une de ces devises préférablement à l'autre; mais au fond elles ne sont pas plus raisonnables l'une que l'autre. Que signifie de tenter des expériences sans pouvoir en préciser ni l'étendue, ni les résultats? Que signifie également de s'abstenir, sans spécifier ce dont on s'abstiendra ?

Cela signifie qu'on a le même tort, des deux côtés, de ne pas savoir et de ne pas dire clairement ce qu'on veut.

Le mal est donc dans l'absence du système, sérieusement élaboré et nettement formulé, qui sert de base à l'existence de tout parti quelconque.

Cette disposition des esprits n'est point nouvelle. Elle a déjà perdu la Restauration. Reproduite après 1830, elle avait l'avantage de donner aux partis le temps de se mettre d'accord. Ils devaient en profiter pour concevoir et formuler au plus tôt leur système, afin de retirer les esprits d'une confusion qui déshonore la nation aux yeux du monde. Ils ne l'ont point fait.

Les conservateurs, qui ont pour eux les apparences de la sagesse et de la modération, semblent se complaire dans cette situation et vouloir la perpétuer, quoiqu'ils ne l'aient acceptée que comme un expédient; ils l'ont emporté jusqu'à présent sans s'inquiéter des imperfections ni des vices que renferme l'ordre de choses qu'ils soutiennent.

Irrités par la persistance de ces imperfections et de ces vices, qu'ils ressentent bien mieux qu'ils ne les définissent, les opposants ne cessent d'en réclamer le redressement, sans tenir ni se rendre compte des effets qui pourraient en résulter.

Des deux parts le tort paraît égal, et cependant il doit peser beaucoup plus fortement sur les conservateurs que sur les opposants. Plus unis et plus homogènes dans leurs doctrines que ces derniers, c'était à eux à prendre l'initiative. En formulant un système large et libéral, ils auraient décomposé l'opposition dont la plupart des membres seraient allés à eux; il n'y serait resté que les hommes dont les idées sont réellement inapplicables, et leur persistance aurait été sans danger, parce que leurs idées auraient été hautement et loyalement appréciées.

Dans cette situation, un conservateur s'impatiente et passe dans l'opposition.

Il a raison de s'impatienter, jusqu'à un certain point; car s'il trouve que le parti ne fait pas assez vite, que ne fait-il lui-même? Mais il a tort de passer dans l'opposition, et **ce** tort est également grave envers la chose publique et envers lui-même.

Envers la chose publique, parce qu'il peut déterminer par son vote ou son influence un changement prématuré dans la direction des affaires qui ne ferait qu'aggraver leur situation. Si ce changement arrivait, il s'en féliciterait sans doute; et cependant le sort du pays n'en serait qu'empiré; car ceux qui sont chargés de le conduire n'en seraient pas moins incertains qu'ils le sont aujourd'hui sur la marche à suivre pour l'avenir.

Envers lui-même? parce qu'il compromet bénévolement son jugement et sa considération. Entre deux partis qui ignorent également ce qu'ils veulent, l'un s'abstient prudemment, il le quitte; l'autre veut agir témérairement, il y passe. Mais la sagesse et la raison commandaient précisément tout le contraire; et, s'il était vrai qu'il eut résolu de faire cette démarche, il devait attendre une occasion opportune : mieux encore, il devait la faire naître en traçant lui-même le programme qu'il voulait qu'on suivît.

Voilà la marche dont tout député conservateur, jaloux de l'estime de ses concitoyens, ne pouvait pas s'écarter, et qu'il avait pour devoir rigoureux de suivre, s'il s'appelait M. de Lamartine.

Oui, Monsieur, voilà la conduite que vous deviez tenir. quel qu'en fut le résultat, elle tournait infailliblement à votre gloire et au bien de votre pays. Ou vos anciens amis adoptaient votre programme, et vous demeuriez avec eux plus estimé, plus honoré qu'auparavant ; ou bien ils ne l'adoptaient pas et, comsommant votre séparation avec éclat, vous vous unissiez à leurs adversaires. N'arrivant pas dans leurs rangs les mains vides, nul soupçon, nul reproche ne pouvait vous atteindre. Vous restiez le maître de débattre les clauses de votre accession, et cette discussion positive et patriotique aurait infailliblement amené des concessions réciproques qui n'auraient pas moins tourné à l'avantage du pays que le redressement des griefs qui l'aurait occasionnée.

A ce rôle glorieux vous avez préféré d'être le 101ᵉ votant contre l'adresse ; je le regrette sincèrement. Sans vous connaître, j'ai toujours aimé votre talent et honoré votre caractère. Ce n'est pas que le fréquent retour, dans vos périodes, des mots de LIBERTÉ et de PROGRÈS toujours vides de sens qnand ils ne sont pas rigoureusement définis, ne m'ait plus d'une fois allarmé sur la solidité de vos doctrines. Le plaisir de vous soumettre mes inquiétudes ne m'a pas été réservé ; pourquoi n'en est-il pas de même du triste devoir de combattre vos erreurs.

Après cette manifestation de mes sentiments pour vous, je reprends ma tâche et je passe à l'examen des motifs qui ont déterminé votre résolution.

Dans votre discours, vous vous plaignez moins du ministère que vous ne blâmez le système tout entier du gouvernement de juillet. Vous accusez ce gouvernement de n'être pas sérieusement constitutionnel et populaire, et de marcher en opposition d'une sage et croissante démocratie, que vous prétendez être le principe résultant de son origine.

A l'appui de cette accusation, vous rapportez un à un, sans en omettre un seul, mais aussi sans y en ajouter un seul, tous les griefs dont l'opposition fait depuis douze ans son thème habituel. Vous les faites consister :

Dans la tentative d'hérédité de la pairie ;

Dans les lois de septembre ;

Dans le vote des fortifications ;

Dans ce que, peu de mois après ce vote, deux grands faits se sont produits : l'un, de la part d'un grand corps judiciaire en

appliquant à une criminalité de la presse la complicité, la solida-
rité et la pénalité d'un assassin ; l'autre, de la part du gouvernement en se refusant absolument à toute modification de la loi électorale, après avoir paru disposé à s'y prêter ;

Dans la loi de régence que vous prétendez avoir achevé de
désiller vos yeux ;

Dans les manœuvres électorales, comme altérant les sources de
l'opinion libre ;

Et finalement dans les marchés qui sont la conséquence de ces
manœuvres, comme enlevant aux députés ainsi qu'aux ministres
la liberté de leur action.

Voilà pour l'intérieur. Pour l'extérieur, vous reprochez au gouvernement :

Son isolement en Europe à défaut d'alliances ;

La mollesse de son attitude vis-à-vis de l'étranger et notamment vis-à-vis de l'Espagne ;

L'abandon d'Ancône et le traité du 15 juillet 1840 avec toutes
ses conséquences.

Dans cette situation que vous appelez notre malheureuse com-
pression, vous ne voyez qu'une seule chose à faire : » c'est de se
« ranger, se compter, s'isoler ; c'est de prendre sur le terrain des
« oppositions constitutionnelles une position forte où nous puis-
« sions recueillir un à un tous les principes successivement vio-
« lés ou artificieusement dérobés au pays, tous ses griefs, tous
« ses intérêts, toutes ses dignités compromises ; c'est de rassem-
« bler en faisceau tous les instincts généreux, progressifs, mo-
« raux de la nation, afin qu'au jour où ce système sera arrivé à
« son excès, à sa perte, soit par la défaillance absolue de l'esprit
« public au-dedans, soit par *l'interdit politique* où il se laisse pla-
« cer par l'Europe au-dehors, le pays vienne chercher les prin-
« cipes de sa révolution, sa gloire, son esprit public, son salut,
« dans l'asile où nous les aurons conservés intacts, et les retrouve
« dans une opposition loyale et ferme au lieu d'aller, au moment
« des crises, les chercher dans les factions. »

Ce qui frappe principalement dans ce discours, ce sont les inconstitutionnalités dont il abonde. La raison en est simple : igno-

rant également vos droits **et** vos devoirs, vous faites fausse route d'un bout à l'autre.

Le grief d'inconstitutionnalité une fois articulé, je voulais vous épargner tout autre reproche; il me répugnait surtout, quoiqu'il soit évident que la plus grande partie des arguments dont vous venez de vous servir pour la première fois, ne sont que la reproduction de ceux que l'opposition débite depuis douze ans : il me répugnait, dis-je, de vous accuser de plagiat, vous, dont la verve est habituellement si féconde ; mais je n'ai pu persister dans ce projet parce que c'est principalement ce plagiat et l'âpreté avec laquelle vous l'avez fait, qui ont occasionné la principale des inconstitutionnalités.

Oui, c'est l'ardeur que vous avez mise à ramasser tous ces arguments, à les grouper, à les réunir pour vous approprier le langage de vos nouveaux amis et captiver leur bienveillance, qui a produit ce monceau de griefs dont la diversité, s'opposant à ce qu'un seul ministère put en être chargé, vous a forcé de recourir à quelque chose sur quoi vous pussiez poser tous ces griefs; et c'est ainsi que vous avez introduit dans votre discours ce lieu commun qui a longtemps traîné dans une partie de la presse opposante sous le nom de *système*.

Mais qu'entendez-vous par ce *système* que vous placez plus haut que tous les ministères, plus haut que le ministère présent, plus haut que les ministères passés et peut-être aussi que les ministères futurs? Vous ne le dites pas, mais évidemment c'est le Roi, et s'il restait quelque doute à cet égard, la réserve délicate que vous avez faite pour l'avenir suffirait à le lever.

Plus constitutionnel que vous, je feindrais de ne pas vous comprendre, et je laisserais cette allégation dans l'ombre où vous l'avez placée, si je n'y trouvais l'occasion de protester contre une maxime que l'opposition et la presse dévouée à ses idées se sont efforcées d'accréditer, et dont la France est malheureusement plus près de ressentir les effets que de voir proclamer l'absurdité.

A les entendre, le Roi ne doit point influencer ses ministres; ou plutôt les ministres doivent repousser l'influence du Roi. Qu'ils cèdent à tout autre, soit ; mais à celle-là? non. La charte dit bien :

« Au Roi seul appartient la puissance exécutive... Le Roi est le chef
« suprême de l'Etat... La puissance législative s'exerce collecti-
« vement par le Roi, etc... La proposition des lois appartient au
« Roi, etc... Le Roi seul sanctionne et promulgue les lois...» Oui,
sans doute ; mais, en réalité, tout cela veut dire que, dès que le
Roi a nommé des ministres, il s'est dépouillé de toutes ces préro-
gatives en leur faveur, qu'il les leur a transférées sans en rien
excepter ni réserver, pas même le droit de représentation,
et qu'il ne lui reste que l'obligation de signer servilement tous
les actes qu'il leur plaira de lui présenter. Un ministère cons-
titué sur ces bases s'appelle un ministère parlementaire. Nous
en avons eu, pendant quelques mois, un échantillon qui a brouillé
toutes les affaires, dévoré plusieurs centaines de millions et fait
voter les fortifications. Vous ne dites pas expressément que vos
affections soient pour un tel ministère, parce que cette hérésie
n'est pas de nature à être mise au grand jour et ne peut y arriver
qu'en se glissant au travers des artifices du langage ; mais vous
le dites tout aussi clairement en absolvant, les ministres des
griefs que vous énumérez et en les rejetant sur le système.

Que votre opinion soit que la démocratie, dont vous rêvez le
triomphe, ne comporte que des ministères ainsi constitués : je le
conçois. Que, dans ces temps d'anarchie intellectuelle où les opi-
nions les plus extravagantes sont débitées sans honte ni pudeur,
vous vous croyez le droit de produire la vôtre et de chercher à la
faire prévaloir : ce n'est pas moi qui vous le contesterai ; mais ce
que je vous conteste, c'est le droit, quelles que soient vos opi-
nions, de franchir les bornes constitutionnelles, et surtout dans
l'un des sanctuaires où s'élaborent les lois. Or, vous les avez évidemment franchies.

La charte donne aux députés le droit de proposer les lois, de
voter et discuter librement celles qui leur sont présentées et
d'accuser les ministres. Tout ce qui rentre dans l'exercice le plus
étendu de ces divers droits est constitutionnel ; par la même
raison, tout ce qui en sort est inconstitutionnel.

Sont-ce des ministres et seulement des ministres que vous accusez ? Non ; car vous les absolvez tous par ministères.

Qui donc accusez-vous ? Ouvertement, personne ; mais de la manière la moins licite de toutes, c'est-à-dire par insinuation, vous accusez celui que vous n'avez pas le droit d'accuser; car vous accusez le Roi!

Vainement chercheriez-vous à vous en défendre par l'ambiguité de vos paroles! Si votre accusation n'était fondée que sur des lois qui vous déplaisent, elle pourrait porter sur le pouvoir législatif; mais basée tout à la fois sur des lois et sur des actes du gouvernement, elle ne concerne que le pouvoir exécutif; et attendu que les ministres en sont absous, et que, d'ailleurs, il serait dérisoire d'accuser des ministres si divers et tant de fois renouvelés de perpétuer un même système, il s'ensuit évidemment qu'elle ne concerne que le Roi.

Eh bien! je dis qu'une telle accusation n'est pas seulement inconstitutionnelle, et par cela même déraisonnable au premier chef, mais encore qu'elle est dangereuse, sans pouvoir être utile.

Pour l'inconstitutionnalité, dire le fait c'est la démontrer : la constitution déclare que la personne du Roi est inviolable et sacrée, et que ses ministres sont responsables. En eux vous avez le pouvoir, bien plus, vous avez le devoir d'accuser tout ce qui vous paraît répréhensible dans la marche du gouvernement. Mais cette règle ne vous plaît pas; vous la renversez bout pour bout, et tandis que vous bravez la charte et les lois de la raison, vous vous donnez encore un air de douter de votre erreur!

Mais, direz-vous, « Je connais la constitution, et si je m'en « écarte j'ai mes motifs. Le Roi a un système qu'il suit imperturbablement et qu'il impose à ses ministres; accuserai-je ceux-ci « de suivre ce système qui n'est pas de leur choix, pour en absoudre l'auteur véritable? » Je réponds qu'un tel raisonnement ne supporte pas les regards de la raison. Quoi! des hommes aussi avides du pouvoir qu'ils sont incapables de l'exercer dignement, feront toutes sortes de bassesses pour y arriver! N'ayant aucune conviction, parce qu'ils n'ont pas les premières notions sur la marche des ministères qu'ils convoitent, ils adopteront toutes les conditions qu'on voudra leur imposer; et, parvenus à leurs fins, tandis qu'il seront bas et rampants d'un côté, ils iront de l'autre débitant en confidence à tout venant que la marche

qu'ils suivent, que les mesures qu'ils proposent leur sont impo-
sées, qu'elles violentent leur conscience, mais qu'ils ont l'hé-
roïsme de les subir par amour pour le bien public! Et vous,
homme de raison et de conscience, au lieu de tonner à la tribune
contre cette lâcheté et de la flétrir de toute la puissance de votre
talent, vous vous y laissez prendre! Et, vous fiant à des hommes
qui sont indignes de foi, parce qu'ils sont dénués de caractère, vous
les en croyez au point de leur sacrifier votre raison, la constitution de votre pays, son repos et son existence, peut-être! Ah!
fut-il jamais un malheur plus grand qu'un tel égarement!

Pour vous en convaincre, veuillez en considérer les effets avec
moi.

Et, d'abord, rien n'est plus constant que votre erreur; vous
n'avez pas même la consolation d'en pouvoir douter, puisque
vous absolvez ceux que vous êtes en droit d'accuser, et que vous
accusez ce qui doit être sacré pour vous.

Mais cette erreur, qui pourra la reconnaître lorsque vous y tom-
bez et que vous l'embrassez avec ardeur? Bien peu de personnes,
sans doute. Eh bien! à part ces quelques individus très clair-
semés qui vous plaindront comme on plaint un homme qui est
tombé à la mer, tous les autres, s'autorisant de votre apostasie,
s'en serviront pour modifier ce qu'ils appellent leur opinion. Les
uns y prendront l'occasion de glorifier leurs vieilles rancunes et
de les fortifier; les autres, qui avaient jusque-là repoussé ces
rancunes, s'y associeront. Il n'est pas jusqu'aux hommes simples
et paisibles qui puissent n'en être pas affectés : ils étaient assez
heureux, dans leur ignorance, pour avoir confiance dans le gouvernement de leur pays : en leur enlevant cette confiance, vous
détruisez leur bonheur. Ainsi, le premier effet de votre erreur
est d'enlever, injustement et sans motif, des suffrages au gouvernement, et de fortifier ses ennemis en augmentant leur nombre
et en légitimant leur résistance. Vous avez beau dire, en belles
phrases, qu'on ne doit pas s'inquiéter du résultat de votre erreur,
qu'elle n'atteint que vous : ce résultat n'en est pas moins un incontestable danger que vous-même ne pouvez nier.

Une compensation pouvait du moins atténuer ce danger. Par

exemple, si, étudiant la question avec toute la profondeur qu'elle comporte, vous aviez découvert quelques moyens de remédier aux vices et aux dangers d'une situation si compliquée, et si vous aviez franchement expliqué ces moyens, l'opinion publique aurait pu s'en saisir, et, les mûrissant par son approbation, en procurer la prochaine adoption. Proposez-vous quelque moyen de cette nature? Aucun. Vous ne voyez autre chose à faire que de l'opposition, et même, plagiaire infatigable, que de renouveler l'opposition de quinze ans.

Ainsi vous créez un incontestable danger qu'aucune apparence d'utilité ne saurait amoindrir.

La démonstration d'inconstitutionnalité que je viens de vous donner sur un point, je vous la donnerais aussi facilement sur tous les autres; mais en définitive où arriverions-nous? Vous auriez aligné des mots dans un sens : j'en aurais aligné dans un autre, et nous n'en serions pas plus avancés. Le seul moyen de rendre cette discussion fructueuse consiste à prendre un thème qui nous conduise naturellement aux questions qui nous divisent. Les faits et les principes qui formeront la base de ce thème resteront du moins et serviront en attendant à prévenir toute divagation.

Je choisis donc pour thème notre ignorance politique à tous, et je dis que rien n'est plus constant que cette ignorance, ni plus simple que sa cause et ses effets.

Dans l'état de civilisation où nous vivons, à l'exception de l'eau et de l'air qui nous sont spontanément donnés par la nature, tout ce qui est à l'usage de l'homme est le résultat de son industrie développée par son travail. Il n'est point d'industrie, si minime qu'elle soit, qui n'exige un certain apprentissage, ni si vaste et si compliquée qu'on la suppose, qui soit comparable aux difficultés que présente le gouvernement d'un peuple et surtout d'un grand et vieux peuple. Un jour, dans l'abandon d'un enthousiasme qui n'avait d'absolument raisonnable que son objet, on dit à ce peuple : « Vous êtes tous libres, tous égaux, tous également admissibles aux emplois civils et militaires. » Pour assurer le triomphe de ces principes sur leurs opposés qui venaient d'être renversés, on intéressa l'orgueil de la multitude à leur succès. Tous furent déclarés, sauf quelques exceptions, électeurs et éligibles, et tous, sans condition de savoir, sans noviciat ni apprentissage, purent être juges, administrateurs, législateurs, ministres. L'orgueil de chacun trouvait trop bien son compte dans l'adoption de ces principes, pour que personne pût ou osât la combattre. On les adopta donc par acclamation, et immédiatement on les mit en pratique.

Cette anomalie trouva d'abord son excuse dans les circonstances. Comme il fallait avant tout consolider les principes nouveaux, il était naturel que leur application fut principalement confiée à des hommes dévoués à leur triomphe, on eut donc moins à consulter la science des candidats que leur *opinion*. Mais ce triomphe une fois assuré, il fallait rentrer au plus tôt dans les règles de la raison en spécifiant distinctement les études qu'il faudrait avoir faites, et les qualités qu'il faudrait posséder pour remplir ces attributions diverses. Cette spécification était indispensable, sinon pour rendre ces études et ces qualités obligatoires pour les élus, du moins pour éclairer les électeurs dans leurs choix; mais elle n'est jamais venue, et les doctrines, qui devaient en faire la base, n'ont jamais été rédigées.

Chacun en est donc aujourd'hui à peu près au même point que le premier jour. On continue à faire des études longues et spéciales pour être avocat, médecin, poète, architecte, charpentier, maçon même, mais pour être électeur, administrateur, législateur, ministre, on n'en fait aucune. Dans ces diverses fonctions, qui aboutissent plus ou moins directement au gouvernement du pays, c'est à dire à l'affaire *la plus positive et la plus compliquée du monde*, chacun est réduit à se décider selon son goût, son instinct ou son caprice, et même libre de le faire par des motifs moins excusables encore, sans que personne puisse lui démontrer qu'il devait agir différemment.

Voilà la cause de l'ignorance générale en fait de politique; en voici les effets.

On ne donne pas impunément la carte blanche à l'esprit humain pour penser et agir, comme il voudra, dans l'affaire *la plus positive et la plus compliquée du monde.* Il ne l'a pas plus tôt reçue qu'il se la donne incontinent à lui-même pour les affaires moins importantes ; et c'est ainsi que, devenant de jour en jour plus indépendant, tandis que les règles et les principes qui servaient à le diriger vont en s'affaiblissant, il tombe fatalement dans la confusion et dans la licence, qui en est l'inévitable suite. Ces tristes résultats ne nous ont point été épargnés, et nous les subissons.

Ajouter à ces considérations le moindre développement, serait insulter au bon sens du lecteur.

Maintenant que nous connaissons dans sa cause et dans ses effets les plus absolus, l'ignorance générale en matière politique, considérons là dans ses effets relatifs, c'est à dire dans l'application. Examinons d'abord les colléges électoraux qui sont la première de nos institutions. Ecartons, pour un instant, toute récrimination, et arrivons tout de suite au fond des choses. Que voit-on dans ces colléges? Des électeurs uniquement préoccupés de leur *opinion*, et ne songeant, comme aux premiers jours de la révolution, qu'à la faire triompher. Héritiers en ligne directe des électeurs de 89, ils entendent par *opinion* ce que leurs devanciers entendaient par patriote et aristocrate, par patriote modéré et patriote exalté, par girondin et montagnard ; c'est à dire qu'ils en sont encore aujourd'hui à ne considérer les principes que sous le ropport le plus matériel de leur existence, comme si, de l'application absolue ou restreinte de ces principes, il devait nécessairement résulter que *les affaires du pays marcheraient d'elles-mêmes.* Cette préoccupation constitue tellement le caractère dominant des électeurs, que la plupart des candidats qui briguent la députation, se bornent à leur dire, pour obtenir leurs suffrages, qu'ils siégeront à droite, à gauche ou au centre. On pourrait penser, d'après cela que la droite, la gauche et le centre, ont chacun leur programme définitivement arrêté, qui peut être comparé l'un à l'autre, et dont on peut exactement apprécier la différence. Pas le moins du monde. Cela signifie uniquement qu'on veut ou qu'on ne veut pas le suffrage universel, et deux ou trois autres utopies de cette importance. Voilà l'unique base des élections.

Quant aux qualités essentielles qui constituent le vrai député, et qui lui sont indispensables pour remplir dignement ses devoirs habituels, c'est à dire pour juger sainement l'administration du pays, et procurer par son vote l'affermissement des parties avantageuses, et le redressement des parties défectueuses de cette administration, il n'en est nullement question. Sans doute, la considération de l'*opinion* ne doit pas être complètement écartée, mais au lieu d'être principale et encore moins unique, elle ne doit être que secondaire. La principale doit consister dans la certitude que les candidats possèdent les qualités essentielles indispensables au vrai député, pour remplir dignement les devoirs habituels résultant de son mandat. Est-il sorti du sein des colléges électoraux un seul député qui ait été choisi par la considération qu'il possédait ces qualités essentielles ? Je vous défie d'en citer un seul. Dès lors, je suis en droit de vous dire que si nul n'a été choisi en vue de ces qualités, nul ne les possède si ce n'est par un pur effet du hasard.

La question réduite à ce point, je ne chercherai pas à préciser la chance que le calcul des probabilités assigne à l'introduction, dans la Chambre, de sujets possédant les qualités essentielles qui constituent le vrai député. Je me contente de savoir que cette chance est prodigieusement restreinte. Eh bien ! qu'on la double, qu'on la décuple même, et le nombre de ces sujets n'en sera pas moins infiniment borné !

Qu'aurez-vous donc dans cette Chambre ? D'habiles gens, sans aucun doute, dans toutes les parties, mais sans autre affinité que celle d'une opinion vague et indéfinie, aussi susceptible de nuances que l'écliptique de divisions. Vous aurez donc d'habiles avocats, d'abord ; puis vous aurez d'habiles généraux, d'habiles marins, d'habiles poètes, d'habiles astronomes, d'habiles enfin dans tout ce qu'il vous plaira ; mais d'habiles députés : combien ?

Et cependant que vous servira d'avoir le plus habile cul-de-jatte de la terre, si c'est un marcheur qu'il vous faut ?

Mais remarquez bien ceci : il n'y a d'accord durable à espérer qu'entre des esprits unis par la conformité de leurs doctrines. Or cette conformité ne pouvant exister que dans l'infiniment petit nombre de députés possédant les qualités essentielles qui constituent le vrai député, il s'ensuivra que le très grand nombre sera fatalement désuni et même divisé, et de plus, que cette division sera d'autant plus profonde que les individus excelleront dans les parties où ils seront habiles.

Le fait ne justifie-t-il pas cette donnée de la spéculation? Pouvez-vous envisager sans douleur la division qui partage les esprits dans la Chambre des députés? Et convaincu, comme chacun doit l'être, que les intentions de tous, sans en excepter un seul, sont également honorables, pouvez-vous en chercher la cause ailleurs que dans l'absence de doctrines qui rallient des esprits si éminents mais si divers?

Descendez ou remontez maintenant l'échelle sociale, tant qu'il vous plaira, vous trouverez partout cette même division, ou flagrante ou en germe, soit dans les conseils communaux, soit dans les conseils d'arrondissement et de département. Vous la trouverez moins grande, peut-être, dans la Chambre des pairs, mais aussi plus grande dans la presse et plus grande encore dans le public. Oseriez-vous affirmer que les hommes qui se sont présentés tant de fois, ne fût-ce que depuis 1830, au nombre de huit ou neuf pour composer un ministère, en aient été toujours exempts, et que la communauté d'idées qui les unissait, ou qui du moins paraissait les unir le premier jour, ait été intacte encore le lendemain?

Eh bien! je le répète, toutes ces divisions, si chargées d'inconvénients pour le présent, si pleines de dangers pour l'avenir, proviennent de l'absence de doctrines qui tracent à chacun la règle de conduite qu'il doit suivre dans l'échelon de l'ordre social où il est placé; ce qui revient à dire que notre plus grand mal consiste à n'avoir pas un système général qui détermine la marche du gouvernement par la part dont les corps et les individus doivent y coopérer.

Mais le système général dont le défaut est si regrettable, ne nous manque pas en entier. Vous nous apprenez que la royauté y a suppléé en ce qui la concerne: qu'elle s'est fait un système et qu'elle le suit depuis son institution, puisque vous en faites remonter l'apparition à l'organisation de la pairie.

Eh grand Dieu ! où en serions-nous si la royauté, faisant défaut à son devoir, comme les autres corps de l'Etat et notamment comme la Chambre des député, n'avait pas eu ce système, et avait marché au hasard selon les circonstances, le débordement des passions, la confusion des esprits, et le déchaînement des ambitions ?

Tombant dans une erreur de jugement qui n'est que trop commune, puisque nous voulons tous que chaque chose soit faite à notre manière, vous jugez ce système par quelques détails qui vous déplaisent ; mais ce n'est pas ainsi que vous pouvez procéder sans que chacun n'ait le droit d'en agir de même ; et alors, je vous le demande, qnelle serait l'œuvre qui pourrait subir cette décomposition ? la création elle-même y résisterait-elle ? La justice veut qu'on juge ce système, non sur des faits isolés que chacun allègue, supprime ou interprète à sa guise, mais par ses résultats que personne ne saurait nier.

Or, ces résultats les voici :

Après une révolution qui menaçait de bouleverser le monde, la confusion des esprits vint à son comble. Peu de têtes surent s'en préserver. Les idées les plus extrêmes, les plus subversives des sociétés furent prêchées tout haut. Nul ne les combattit : plusieurs les adoptèrent. Ce triomphe exalte les têtes : la guerre civile éclate. Nos voisins, inquiets pour leur repos, s'apprêtent à fondre sur nous. Dans ces conjonctures difficiles, le salut de tous ne repose que sur un seul : c'est au chef de l'Etat à l'assurer et, par une grâce providentielle, il a toutes les qualités nécessaires pour y réussir. Courage, fermeté, sagesse, habileté, modération, tout est en lui au même degré. Par ses soins, par sa persévérence le désordre est vaincu ou réprimé partout : il commence à s'appaiser. L'irritation des esprits s'affaiblit : le calme renaît. La grandeur d'âme et la clémence désarment les assassins. Les craintes de la guerre s'éloignent, les travaux reprennent leur activité, les industries se perfectionnent, les esprits se rallient, la paix se consolide et la France atteint une prospérité qu'elle n'a jamais connue.

A ces grands résultats, qui sont uniquement l'œuvre du Roi, ou pour parler plus correctement l'effet de son système, dont chacun parmi nous a ressenti le bienfait, dont toutes les classes de la société profitent chaque jour et que tous les peuples civilisés de la terre ne cessent d'admirer en glorifiant leur auteur, qu'opposez-vous?

Vous opposez de misérables arguments indignes de vous et de votre talent, et qui ont surtout le défaut de pêcher contre la constitution, les convenances et le bon sens. « Vous avez proposé, « dites-vous, l'hérédité de la pairie. Vous n'avez pas proposé, « ajoutez-vous, l'élargissement de la base électorale. Vous avez « présenté trois ou quatre lois, les majorités les ont adoptées, « mais je ne les approuve pas, *moi*.» Ces griefs, eussent-ils toute la réalité que vous pouvez leur supposer, seraient-ils capables de produire l'ombre la plus légère dans le tableau que je viens d'esquisser? La prospérité du pays serait-elle plus ou moins grande si quelques électeurs de plus avaient sanctionné votre nomination par leurs suffrages? Et où donc avez-vous trouvé le droit que vous vous arrogez de gourmander les pouvoirs constitutionnels agissant dans la sphère de leurs attributions? Le pouvoir exécutif use de son droit en proposant au pouvoir législatif, comme en ne lui proposant pas, une mesure que la constitution ne repousse pas. La propose-t-il? le corps législatif en fait justice par son vote. Ne la propose-t-il pas? suppléez-y, vous en avez le droit; mais une fois que le pouvoir législatif s'est prononcé, la constitution ne permet à personne de censurer sa décision, les convenances s'y opposent et le bon sens le défend.

Ah! loin de vous déchaîner contre ce système, envisagez-en plutôt les effets de sang froid, dans toute leur étendue, et, vous portant par la pensée au jour hélas! trop proche, quelque éloigné qu'il soit, où ce système perdra sa personnification, figurez-vous tout ce que vous préparent fatalement de désordres, d'inquiétudes et peut-être de malheurs, la confusion des esprits et le déchaînement des ambitions que rien ne contiendra plus, et rassurez-vous, si vous le pouvez, contre tant et de si graves dangers. Pour moi, qui ne sais en détourner les yeux, et qui voudrais, au prix de mon sang, les éviter à mon pays, j'appelle, de tous mes vœux, le développement et l'affermissement des institutions constitutionnelles, comme le seul moyen de les conjurer. Mais à quoi sert mon impuissante voix, quand les esprits du premier ordre n'appliquent leurs facultés et l'influence qu'ils retirent de leur position qu'à méconnaître ces institutions et même à les braver?

Mais, direz-vous, vous reconnaissez vous-même que le système que je blâme est l'œuvre du Roi, et vous voulez que j'en porte le reproche sur ses ministres qui en sont innocents et qui le subissent? Oui, sans aucun doute. Je suis vraiment confus d'avoir à soutenir cette thèse, mais quand la presse a préconisé cette erreur et que vous vous y associez, je ne saurais m'en dispenser.

Les choses se passent constitutionnellement toutes les fois qu'un acte du gouvernement est contresigné d'un ministre. Que cet acte dérive d'un système du Roi ou de celui du dernier des sujets, peu importe; le ministre se l'approprie, en le contresignant, de la même manière que si la pensée en était née dans son cerveau. Bien plus, si l'acte est répréhensible, il le sera davantage si le ministre l'a accepté que s'il l'a conçu, davantage encore s'il l'a accepté du Roi plutôt que de tout autre; de manière que l'acte répréhensible atteindra le plus haut degré de culpabilité si le ministre déclare en avoir accepté l'idée du roi et l'avoir acceptée par complaisance. Telle est la doctrine qui doit prévaloir au préjudice de toute autre. Pourquoi? parce que c'est au ministre à couvrir le Roi et non au Roi à couvrir son ministre, qui a toujours la faculté et même le devoir de se retirer pour ne pas acquiescer aux actes qui lui répugnent. Pourquoi encore? parce qu'un ministre doit servir fidèlement et non servilement le Roi et l'Etat, qui ne font qu'un.

En vous conformant à cette doctrine, vous restiez dans votre droit et dans la charte; en la méconnaissant, vous êtes sorti de l'un et de l'autre; vous avez montré que vous ignoriez les rudiments du gouvernement représentatif, et, par contre-coup, vous avez été entraîné à compromettre la dignité du député en recourant à l'insinuation pour exprimer votre pensée.

Restant au contraire dans votre droit et dans la charte, vous conserviez à votre pensée sa latitude, à votre parole sa liberté;

pesant alors au poids du sanctuaire, des griefs qui vous tenaient tant au cœur que vous en avez fait le sujet d'une démarche décisive, il serait arrivé de deux choses l'une : ou ces griefs se seraient affaiblis, ou bien ils auraient pris une consistance suffisante pour vous fournir la matière d'une accusation, non en paroles toujours vaines, mais d'une accusation en forme, susceptible de faire envoyer devant la Chambre des pairs le ministre qui en aurait été l'objet.

Dans le premier cas, vous vous seriez tû : Votre réputation d'aujourd'hui serait celle d'autrefois : nous y aurions tous gagné. Dans le second, vous auriez opéré, non seulement avec gloire pour vous, mais encore avec utilité et très grande utilité pour le pays, le passage que vous préméditiez ; car souvenez-vous en bien, votre gouvernement représentatif n'acquerra de la consistance et de l'aplomb que du jour où vous aurez fait passer sur les bancs de l'accusation au moins autant de ministres que nous avons essayé de constitutions pour arriver à celle qui nous régit.

Ne rappelez pas ici vos plaintes sur les élections pour en faire sortir l'inutilité d'accuser un ministre devant une chambre composée en très grande partie de députés dont l'élection participe plus ou moins du tarif moral des consciences. Je vous réponds à l'avance que, ne fussiez-vous que 17, votre voix serait entendue et que, fussiez-vous seul, elle aurait plus de retentissement encore. Et d'ailleurs que vous importe le résultat de votre accusation ? En envoyant un ministre devant la Chambre des pairs, ce n'est pas sa tête que vous voulez : de même, en l'accusant, ce n'est pas dans l'adoption de votre proposition que votre conscience est engagée, mais uniquement dans la solidité de votre accusation; et, je vous le répète, fussiez-vous seul, si votre accusation est solidement justifiée, vous porterez, non-seulement dans l'âme du ministre accusé, mais encore dans le sein du conseil tout entier, une terreur aussi salutaire pour le pays que si vous aviez la majorité avec vous.

Voilà un résultat digne d'un grand cœur, et que n'obtiendront jamais toutes les plaintes que vous pourriez formuler dans le genre de celles que vous avez fait entendre, les renouvelassiez-vous chaque jour, parce que la plupart des esprits n'y verraient, avec raison, qu'une déclamation mesquine et trop ressemblante à de la déloyauté.

Oui, à de la déloyauté! que ce mot ne vous choque point : il est à sa place. Accuser le gouvernement de juillet, et à plus forte raison le système, au sujet de ce prétendu tarif qu'ils n'ont point créé, qu'ils ont trouvé établi et qu'ils n'ont pu supprimer, ni pendant les quatre premières années que vous reconnaissez vous-même avoir été absorbées à combattre le désordre matériel, ni plus tard, parce que de longues habitudes avaient été contractées, ressemble beaucoup trop à de la déloyauté.

Et ne pensez pas qu'il fut plus loyal d'en accuser le gouvernement de la Restauration. Pour que cette accusation fut légitime, il ne suffirait pas que l'idée de circonvenir les électeurs fut née dans le sein de ce gouvernement, il faudrait encore qu'elle y fut née et qu'elle eut été érigée en système antérieurement à toute provocation. Or, les choses ne se sont point passées ainsi. J'ai été en butte, à partir de 1817, aux mesures administratives sur cet objet; eh bien! la vérité me fait un devoir de déclarer que l'administration n'a pris l'initiative d'aucun moyen de captation. D'abord, elle commença par agir sur ses employés; mais ce fut par représailles des maneuvres de l'opposition. Plus tard, ayant des faveurs à distribuer, elle en gratifia ses partisans préférablement à ses adversaires. Plus tard encore, le mal s'accrut et les choses en sont enfin venues au point où elles sont; mais quelque déplorable, quelque odieuse même que soit cette situation, je ne crains pas de dire que le juge le plus sévère serait fort embarrassé aujourd'hui pour porter sur ce point une équitable condamnation.

Le mal est ailleurs, et il est surtout beaucoup plus profond qu'on ne le pense, car il faut en aller chercher la cause dans notre ignorance qui est la source unique de tous nos maux. Depuis qu'on fait des élections en France, on n'a cessé de répéter qu'élire était un acte de souveraineté que tout le monde était également apte à accomplir. Eh bien! c'est une erreur et des plus monstrueuses. Elire est, dans tous les degrés, un acte de raison par lequel chaque électeur s'oblige à choisir le plus digne, non *absolument* mais *relativement* à la fonction qu'il s'agit de remplir. Cette condition tombe sous les sens; car, si la fonction exige un marcheur, y nommer un cul-de-jatte, eut-il tous les mérites imaginables, serait, comme je vous l'ai déjà dit, un contresens.

Élire est donc un acte de raison; et élire un député n'est pas

seulement un acte de raison, mais encore un acte des plus difficiles, et tellement difficile, que j'ose vous dire à vous-même que
vous ne l'avez jamais dignement rempli.

Pardon de l'apostrophe : elle paraît grossière; mais je vous la
fais à dessein, précisément pour montrer, comparativement à vos
mérites, la grandenr de la difficulté. Voici, du reste, comment je
l'entends.

Je n'admets pas qu'un électeur n'ait que des droits et point de
devoirs. Je nie surtout qu'il ait le droit de nommer qui lui plaît,
et sans égard aux qualités essentielles qui constituent le vrai député,
et je soutiens qu'il a pour devoirs :

1° De savoir parfaitement quelles sont les qualités essentielles
qui constituent le vrai député;

2° De rechercher avec soin jusqu'à quel point les éligibles qu'il
connaît ou qui se présentent comme candidats, possèdent de ces
qualités;

3° De récapituler consciencieusement, au jour de l'élection,
les qualités essentielles qu'il aura reconnues dans chaque éligi-
ble ou candidat, et de fixer son choix sur celui qu'il trouvera en
réunir le plus.

Et qu'on ne dise pas que ces conditions sont exhorbitantes et
dépassent les facultés d'un grand nombre d'électeurs. S'il en était
quelqu'un qui ne pût pas les remplir, son premier devoir serait
de s'abstenir, car on ne lui demande en définitive que d'appliquer
à la chose publique ce que chacun de nous, depuis le plus simple
jusqu'au mieux avisé, nous pratiquons tous dans les divers actes
de la vie privée. Quand nous avons besoin d'un habit, nous ne
nous adressons pas à un avocat, quelque habile qu'il soit dans sa
partie, mais à un tailleur; et quand nous avons un procès à in-
tenter ou à soutenir, nous ne portons pas nos pièces à un poète,
quelque beau diseur qu'il soit, mais à un avocat. Bien plus, ce
n'est pas au premier tailleur ou au premier avocat venu que nous
nous adressons; nous avons grand soin de nous assurer quel est
celui qui fait le mieux et à meilleur marché, et c'est chez celui-là
que nous allons et non ailleurs. De quel droit en agirait-on différemment pour le choix des députés?

Mais, dira-t-on, à quels signes reconnaître l'homme capable
d'être député? Je réponds que, s'il n'est pas facile, il n'est pas
impossible d'en donner l'indication. Toute affaire a son point

de centre, son noyau autour duquel se trouve infailliblement tracé le devoir de celui qui la traite ou qui la dirige. Reconnaissez quel est ce devoir, et vous êtes à même d'apprécier avec exactitude les qualités essentielles que doit posséder celui qui a ce devoir à remplir. La Chambre des députés n'est point en dehors de cette règle générale. Quelque élevées que soient ses fonctions, on peut les définir, et c'est dans cette définition que se trouvera le moyen de déterminer précisément les qualités essentielles du vrai député, qualités qui n'exclueront pas les autres, mais que les autres ne sauraient suppléer.

Ces qualités auraient dû être spécifiées depuis longtemps dans un document authentique, évident, irrécusable comme une règle d'arithmétique, et former un cathéchisme que tout électeur aurait dû savoir par cœur. Par quelle fatalité ne l'ont-elles jamais été ?

Ainsi chaque électeur, dans l'acte le plus solennel et le plus délicat que l'homme social ait à remplir, s'est trouvé sans instruction, sans éclaircissement et sans guide, livré à lui-même et forcé de trouver seul ce que les savans, réunis en corps, n'avaient pas su lui indiquer. Faut-il s'étonner, d'après cela, que l'électeur le plus sincère et le plus consciencieux, en proie à toute son insuffisance et succombant aux intrigues dont il est obsédé, agisse comme l'insensé qui prend l'avocat pour lui faire un habit ou le poète pour plaider sa cause, et se conduise, dans ce grand acte public, comme il ne le ferait pas dans son affaire la plus minime?

Je ne me prévaudrai point de l'évidence de ces explications pour vous demander si vous trouvez encore mon apostrophe téméraire et déraisonnable, et si vous persistez dans votre idée favorite touchant l'élargissement de la base électorale. Je ne doute pas que vos réflexions ne nous mettent promptement d'accord sur ces deux points. Mais il en est un troisième dont il me reste à vous entretenir. Je veux parler des manœuvres électorales.

Insister comme vous l'avez fait sur les abus résultant de ces manœuvres a toutes les apparences d'une puérilité. Qu'on introduise des enfants sans expérience dans un cabinet de physique et qu'on les y laisse seuls sans leur faire la moindre recommandation ! indubitablement ces enfants déplaceront certains instruments, en casseront d'autres et mettront le cabinet sens dessus dessous. Pensez-vous que la personne qui les y aura laissés ait le droit de se plaindre de ce désordre? Eh mon Dieu non; car elle devait prévoir qu'il aurait lieu et le prévenir. Et si, nonosbtant son imprudence qui la condamne à subir les conséquences de son imprévoyance et à se taire, cette personne vient à vous divisant les accidents par catégories afin d'incriminer les uns plus que les autres, que fera-t-elle, si ce n'est tomber dans la déraison et vous prêter à rire? Se plaindre sur chaque pièce cassée? Elle n'en a pas le droit; elle peut se féliciter de chaque pièce qu'elle retrouve entière; mais voilà tout.

Pour un homme d'un jugement élevé, il doit en être de même des élections. L'incertitude des électeurs doit nécessairement, fatalement occasioner des abus? Lesquels? que lui importe? Il doit lui suffire de savoir que ces abus sont inévitables pour ne pas perdre son temps à s'informer de leur nature et encore moins à les raconter; qu'il cherche le moyen d'en tarir la source, et d'en prévenir le retour voilà sa tâche.

Eh bien! ce moyen consiste à donner aux électeurs des règles de conduite simples, à l'aide desquelles ils puissent se diriger eux-mêmes dans leurs choix. Quand vous les leur aurez donnés, essayez de les influencer; et vous m'en direz des nouvelles.

Je traite un dernier point, et j'achève : je veux parler de cette espèce de conclusion que vous avez insérée dans le milieu de votre discours, et que j'ai textuellement reproduite.

Quoi! tous nos principes sont successivement violés ou artificieusement dérobés, et vous ne voyez qu'une seule chose à faire, qui est de vous isoler! et quels sont les auteurs d'un si grand attentat? La hache des licteurs devrait déjà les avoir atteints, et vous ne les nommez seulement pas! Mais prenez-y garde, vous trahissez vos devoirs par cette condescendance, et vous vous rendez leur complice. Vous n'êtes pas député pour recueillir un à un les principes à mesure qu'on les viole ou qu'on les dérobe, et pour aller les cacher dans un coin; vous êtes député pour les faire maintenir, au contraire, majestueusement et triomphalement debout, et pour accuser, sans ménagement, ceux qui oseraient les violer, ou même ceux dont la main vacillante les laisserait fléchir. Vous le voyez, il faut parler : dites donc quels sont les principes qu'on a violés, quels sont ceux qu'on a artificieusement dérobés, et nommez les coupables! nommez-les! car vous ne sauriez vous en dispenser!

Mais quoi! Vous vous taisez! auriez-vous par hasard indiscrètement parlé? Mais oui, puisque vous continuez à vous taire. Eh bien! sachez que votre allégation, quand elle n'exprime pas un attentat, contient une grave injure. Les ministres sont les dépositaires des principes; leur dire, sans fondement, qu'ils les violent ou qu'ils les dérobent artificieusement, ou même qu'ils les laissent violer ou dérober, c'est les injurier, et vous n'en avez pas le droit. Que diriez-vous d'un juge qui se permettrait d'injurier son justiciable? Je vous ai fait voir que je ne m'attendris pas facilement sur le sort des ministres. Je conçois très bien qu'on ne les flatte pas; mais je ne conçois pas qu'uu homme consciencieux les injurie en leur imputant des actes qu'ils n'ont point commis, et c'est pourtant ce que vous avez fait.

Vous baissez les yeux! J'entends, vons n'avez prétendu ni dénoncer un attentat, ni proférer une injure : soit. Vous avez seulement voulu faire un discours ronflant et le semer de fleurs de rhétorique. Il vous a paru gracieux de recueillir un à un des principes violés, des principes dérobés, des griefs, des intérêts, des dignités compromises, et d'en tresser une guirlande pour la faire figurer en pendant avec le faisceau des instincts ; tout cela peut être fort beau et fort poétique ; mais, dans les affaires, il faut des raisons, et non des fleurs de rhétorique.

Je crois avoir répondu à tous les griefs que vous avez mis en avant pour l'intérieur ; il faudrait maintenant examiner ceux que vous alléguez pour l'extérieur. Souffrez que je m'en dispense, d'abord, parce que je n'ai pas fait, comme vous, de cette matière, les études de ma vie entière, et en second lieu, par un motif non moins puissant, que je vous demande la permission de vous expliquer d'une manière triviale. Quand mon appartement est sale, que m'importe que la rue le soit aussi! Laisserai-je mon appartemert en désordre pour aller gourmander le commissaire? Il sera temps que j'y aille quand mon appartement sera approprié.

Je voulais joindre à ces observations quelques idées sur le programme que j'aurais voulu vous voir présenter; mais je me trouve entraîné bien loin, et forcé de m'arrêter. Peut-être oserai-je, après quelques jours de repos, prendre la liberté de vous les soumettre ?

Paris, ce 26 février 1843.

MOLLARD.

Ancien inspecteur général des finances,
rue des Amandiers-Popinconrt, 40.—
Auteur de l'*Hisioire du système politique de la France, depuis Clovis jusqu'à la révolution de 1789.*

Se trouve chez CHARPÉNTIER, libraire, au Palais-Royal, galerie d'Orléans, 7.

IMPRIMERIE D'AD. BLONDEAU, RUE RAMEAU, 7.

www.ingramcontent.com/pod-product-compliance
Lightning Source LLC
Chambersburg PA
CBHW051414060726
47596CB00005B/2218